INVENTAIRE.
X 12,590

AF341250

X
1264
Messb

MÉTHODE

INGÉNIEUSE,

OU

ALPHABET SYLLABIQUE,

POUR APPRENDRE A LIRE

AUX ENFANTS.

—

Nouvelle édition, augmentée des prières durant la Messe,
de l'Oraison des trente jours,
du Testament de S. M. LOUIS XVI, Roi de France, et de
celui de Son Auguste Épouse.

PARIS,

Vᵉ THIÉRIOT, LIBRAIRE,
RUE PAVÉE-SAINT-ANDRÉ, 15.
A LA MARTINIQUE ET LA GUADELOUPE,
Chez tous les Libraires.

Chiffres Arabes.

1, 2, 3, 4, 5, 6, 7, 8, 9,
10, 20, 30, 40, 50, 60, 70,
80, 90, 100, 200, 300, 400,
500, 600, 700, 800, 900,
1000, 2000.

Chiffres Romains.

I, II, III, IV, V, VI, VII, VIII. IX,
X, XX, XXX, XL, L, LX, LXX,
LXXX, XC, C, CC, CCC, CCCC, D,
DC, DCC, DCCC, DCCCC, M, MM.

du`Fils, et du Saint-

Au nom du Père, et

Esprit. Ainsi soit-il.

Majuscules Romaines.

A B C D E F

G H I J K L M

N O P Q R S T

U V X Y Z Æ

OE W Ç.

Majuscules italiques.

*A B C D E F G H
I J K L M N O P Q
R S T U V X Y Z
Æ Œ W Ç É.*

Autres Majuscules romaines.

A B C D E F G H I J K L M N O P Q
R S T U V X Y Z Æ Œ W Ç É È Ê.

Mêmes Majuscules italiques.

*A B C D E F G H I J K L M N O P Q R S
T U V X Y Z Æ Œ W Ç É È Ê.*

Lettres ordinaires romaines.

a b c d e f g h i j k l m n o p q r
s t u v x y z.

Lettres ordinaires italiques.

a b c d e f g h i j k l m n o p q r s t u v x y z.

Consonnes.

b c d f g h j k l m n p q r s t v x z.

Diphthongues.

æ œ ai au ei eu ay.

Lettres doubles.

ff fl ffl fi ffi w

Voyelles.	a e i o u y.	
Id. *circonflexes.* .	â ê î ô û.	
Id. *aiguës.* . .	á é í ó û.	
Id. *graves.* . .	à è ì ò ù.	
Id. *tréma.* . .	ë ï ü,	
Ponctuations. . . .	. , ; : ? !	

Lettres d'abréviations.

ã è ĩ õ ũ m̃ ñ

	â	am	an.
Exemples des abré-	ê	em	en.
viations, et la ma-	î	im	in.
nière d'y employer	ô	om	on.
les lettres.	û	um	ũn us.

ALPHABETS
EN DIFFÉRENTS CARACTÈRES.
Et la véritable manière de prononcer les consonnes.

Romain.	Prononc.	Italique.	Capitales.
a		*a*	A
b	*be*	*b*	B
c	*ce que*	*c*	C
d	*de*	*d*	D
e		*e*	E
f	*fe*	*f*	F
g	*ge gue*	*g*	G
h	*he*	*h*	H
i		*i*	I
j	*je*	*j*	J
k	*ke*	*k*	K
l	*le*	*l*	L
m	*me*	*m*	M
n	*ne*	*n*	N
o		*o*	O
p	*pe*	*p*	P
q	*que*	*q*	Q
r	*re*	*r*	R
s	*se ze*	*s*	S
t	*te st*	*t*	T
u		*u*	U
v	*ve*	*v*	V
x	*kse gze*	*x*	X
y	*iye*	*y*	Y
z	*ze*	*z*	Z

SYLLABES.

a	e	i	o	u
ba	be	bi	bo	bu
ca	ce	ci	co	cu
da	de	di	do	du
fa	fe	fi	fo	fu
ga	ge	gi	go	gu
ha	he	hi	ho	hu
ja	je	ji	jo	ju
la	le	li	lo	lu
ma	me	mi	mo	mu
na	ne	ni	no	nu
pa	pe	pi	po	pu
qua	que	qui	quo	qu
ra	re	ri	ro	ru
sa	se	si	so	su
ta	te	ti	to	tu
va	ve	vi	vo	vu
xa	xe	xi	xo	xu
ya	ye	yi	yo	yu
za	ze	zi	zo	zu

AUTRES SYLLABES.

ab	ad	af	al	am	an	as	au
bac	bal	bam	ban	bar	bas	bat	bau
cab	cal	cam	can	car	cas	cat	cau
dac	dal	dam	dan	dar	das	dat	dau
eb	el	em	en	er	es	et	eu
fac	fal	fam	fen	fer	fes	fet	fau
gac	gel	gam	gen	ger	ges	get	gau
hac	hal	ham	hen	her	hes	het	hau
jac	jal	jem	jen	jer	jes	jet	jau
kac	kal	kam	kan	kar	kas	kat	kau
lac	lal	lam	lan	ler	les	let	lau
mac	mal	mam	man	mer	mes	mat	mau
nac	nal	nam	nan	ner	nes	net	nau
oc	ol	om	on	or	os	ot	ou
pac	pal	pam	pan	par	pas	pat	pau
quac	qual	quam	quan	quor	quos	quat	quau
rac	ral	ram	ren	ror	ras	rat	rau
sac	sed	sam	sen	sor	sas	sat	sau
tac	taf	tam	ten	tor	tas	tat	tau
vac	vec	vic	voc	vom	ven	vaf	vau
xac	xec	xic	xoc	xom	xen	xaf	xau
yac	yec	yic	yoc	yom	yen	yaf	yau
zac	zec	zic	zoc	zom	zen	zat	zau

L'ORAISON

DOMINICALE.

No-tre : Pè-re : qui : ê-tes : aux : Ci-eux : que : Vo-tre : Nom : soit : sanc-ti-fi-é : que : Vo-tre : rè-gne : ar-ri-ve : que : Vo-tre : vo-lon-té : soit : fai-te : en : la : ter-re : com-me : au : Ciel : Don-nez-nous : au-jour-d'hui : no-tre : pain : quo-ti-di-en : Et : par-don-nez : nous : nos : of-fen-ses : com-me : nous : par-don-nons : à : ceux : qui : nous : ont : of-fen-sés : Et : ne : nous : lais-sez : point : suc-com-ber : à : la : ten-ta-tion : Mais : dé-li-vrez-nous : du : mal : Ain-si : soit-il.

1.

LA : SA-LU-TA-TION : AN-GÉ-LI-QUE.

JE : vous : sa-lue : Ma-rie : plei-ne : de : grâ-ce : le : Sei-gneur : est : a-vec : vous : vous : ê-tes : bé-ni-e : en-tre : tou-tes : les : fem-mes : et : Jé-sus : le : fruit : de : vos : en-trail-les : est : bé-ni : Sain-te : Ma-rie : Mè-re : de : Di-eu : pri-ez : pour : nous : pau-vres : pé-cheurs : main-te-nant : et : à : l'heu-re : de : no-tre : mort : Ain-si : soit-il.

LE : SYM-BO-LE : DES : A-PO-TRES.

JE : crois : en : Di-eu : le : Pè-re : Tout : puis-sant : cré-a-teur : du : Ci-el : et : de : la : ter-re : et : en : Jé-sus : Christ . son : Fils : u-ni-que : no-tre : Sei-gneur : Qui : a : é-té : con-çu : du : Saint-Es-prit : est : né : de : la : Vier-ge : Ma-rie : qui : a : souf-fert : sous : Pon-ce : Pi-la-te : a : é-té : cru-ci-fi-é : est : mort : et : en-se-ve-li : Est : des-cen-du : aux : En-fers : Le : troi-siè-me : o ur : est : res-sus-ci-té : des : morts : Est :

mon-té : aux : Ci-eux : Est : as-sis : à :
la : droi-te : de : Di-eu : le : Pè-re : Tout-
Puis-sant : D'où : il : vien-dra : ju-ger : les :
vi-vants : et : les : morts.

Je : crois : au : Saint - Es - prit : à : la :
Sain-te : É-gli-se : Ca-thô-li-que : à : la ;
com-mu-nion : des : Saints : la : ré-mis-sion :
des : pé-chés : la : ré-sur-rec-tion : de : la :
chair : la : vie : é-ter-nel-le : Ain-si : soit-il.

LA : CON-FES-SION : DES : PÉ-CHÉS.

Je : me : con-fes-se : à : Di-eu : Tout-Puissant : à : la : Bien-heu-reu-se : Ma-rie :
tou-jours : Vier-ge : à : Saint : Mi-chel :
Ar-chan-ge : à : Saint : Jean : Bap-tis-te :
aux : A-pô-tres : Saint : Pier-re : et : Saint :
Paul : à : tous : les : Saints : par-ce : que :
j'ai : pé-ché : par : pen-sées : par : pa-ro-les :
et : ac-tions : par : ma : fau-te : par : ma :
fau-te : par : ma : très-gran-de : fau-te :
C'est : pour-quoi : je : prie : la : Bien-heu-
reu-se : Ma-rie : tou-jours : Vier-ge : Saint :
Mi-chel : Ar-chan-ge : Saint : Jean-Bap-tis-te :
les : A-pô-tres : Saint : Pier-re : et : Saint .
Paul : et : tous : les : Saints : de : pri-er :

pour : moi : le : Sei-gneur : no-tre : Di-eu :
Ain-si : soit-il.

Que : le : Di-eu : Tout-Puis-sant : nous :
fas-se : mi-sé-ri-cor-de : qu'il : nous :
par-don-ne ; nos : pé-chés : et : nous : con-
dui-se : à : la : vie : é-ter-nel-le : Ain-si :
soit-il.

Que : le : Sei-gneur : Tout-Puissant : et :
mi-sé-ri-cor-di-eux : nous : donne : in-
dul-gen-ce : ab-so-lu-tion : et : ré-mis-sion :
de : tous : nos : pé-chés : Ain-si : soit-il.

LA : BÉ-NÉ-DIC-TION : DE : LA : TA-BLE.

Bé-nis-sez : (ce : se-ra : le : Sei-gneur) :
que : la : droi-te : de : Jé-sus-Christ :
nous : bé-nis-se : avec : tou-tes : ces : choses : que : nous : de-vons : pren-dre : pour :
no-tre : nour-ri-tu-re : Au : nom : du : Père :
et : du : Fils : et : du : Saint-Es-prit : Ain-si :
soit-il.

Ac-tion : de : Gra-ces : a-près : le : Repas.

O Roi : ô ; Di-eu : Tout-Puis-sant : nous : vous : ren-dons : grâ-ces : pour : tous : vos : bien-faits : qui : vi-vez : et : ré-gnez : par : tous : les : si-è-cles : des : si-è-cles : Ain-si : soit-il.

Les : dix : Com-man-de-ments : de : Di-eu.

1. Un : seul : Di-eu : tu : a-do-re-ras :
Et : ai-me-ras : par-fai-te-ment :
2. Di-eu : en : vain : tu : ne : ju-re-ras :
Ni : au-tre : cho-se : pa-reil-le-ment :
3. Le : di-man-che : tu : gar-de-ras :
En : ser-vant : Di-eu : dé-vo-te-ment :
4. Pè-re : et : mè-re : ho-no-re-ras :
A-fin : que : tu : vi-ves : lon-gue-ment :
5. Ho-mi-ci-de : ne : com-met-tras :
De : fait : ni : vo-lon-tai-re-ment :
6. Lu-xu-ri-eux : point : ne : se-ras :
De : corps : ni : de : con-sen-te-ment :
7. Le : bien : d'autrui : tu : ne : prendras :
Ni : re-tien-dras : in-jus-te-ment :

8. Faux : té-moi-gna-ge : ne : diras :
   Ni : men-ti-ras : au-cu-ne-ment :
9. L'œu-vre : de : chair : ne : dé-si-re-ras :
   Qu'en : ma-ri-a-ge : seu-le-ment :
10. Biens : d'au-trui : ne : con-voi-te-ras :
    Pour : les : a-voir : in-jus-te-ment.

Lᴇs : Cᴏᴍ-ᴍᴀɴ-ᴅᴇ-ᴍᴇɴᴛs : ᴅᴇ : ʟÉ'-ɢʟɪ-sᴇ .

1. Lᴇs :   Di-man-ches : la : Mes-se :
   ou-ï-ras :
   Et : les : fê-tes : pa-reil-le-ment :
2. Les : fê-tes : tu : sanc-ti-fie-ras :
   Qui : te : sont : de : com-man-de-ment :
3. Tous : tes : pé-chés : con-fes-se-ras :
   A : tout : le : moins : u-ne : fois : l'an :
4. Ton : Cré-a-teur : tu : re-ce-vras :
   Au : moins : à : Pâ-ques : hum-ble-ment :
5. Qua-tre : temps : Vi-gi-les : jeû-ne-ras :
   Et : le : Ca-rê-me : en-ti-è-re-ment :
6. Ven-dre-di : chair : ne : man-ge-ras :
   Ni : le : Sa-me di : mê-me-ment.

LES : SEPT : PSAU - MES
PE-NI-TEN-TIAUX.
PSAU-ME : 6.

SEI-GNEUR : ne : me : re-pre-nez : point : dans : vo-tre : fu-reur : et : ne : me : cor-ri-gez : point : dans : le : fort : de : vo-tre : co-lè-re.

Ay-ez : pi-ti-é : de : moi : Sei-gneur : puisque : je : suis : fai-ble : Sei-gneur : gué-rissez : moi : car : le : mal : qui : me : ronge : a : pas-sé : dans : mes : os : qui : en : sont : tous : é-bran-lés.

Mon : à-me : en : est : a-bat-tue : de : tris-tes-se : mais : vous : Sei-gneur : jusques : à quand : dif-fé-re-rez-vous : ma : gué-ri-son.

Tour-nez : vos : yeux : sur : moi : Seigneur : et : sau-vez : mon : à-me : de : tous : dan-gers : dé-li-vrez-moi : par vo-tre : gran-de : bon-té : et : mi-sé-ri-cor-de.

Car : on : ne : se : sou-vi-ent : point : de : vous : par-mi : les : morts : et : qui : se-ra :

ca-pa-ble : de : cé-lé-brer : vos : louanges : dans : lès : En-fers?

Je : me : suis : tour-men-té : jus-ques : à : ce : point : dans : mes : gé-mis-se-ments : que : tou-tes : les : nuits : mon : lit : est : bai-gné : et : ma : cou-che : est : ar-ro-sée : de : mes : lar-mes.

Les : dou-leurs : m'ont : fait : pleu-rer : si : a-mè-re-ment : que : j'en : perds : les : yeux : Je : suis : vi-eil-li : par : le : cha-grin : de : voir : mes : en-ne-mis : se : ri-re : de : mon : tour-ment.

Mais : re-ti-rez-vous : de : moi : vous : tous : qui : per-sis-tez : tou-jours : dans : vo-tre : mé-chan-ce-té : car : Dieu : a : en-tendu : fa-vo-ra-ble-ment : la : voix : de : mes : pleurs.

Le : Sei-gneur : a : ex-au-cé : ma : pri-è-re : le : Sei-gneur : a : re-çu : mon : o-rai-son.

Que : tous : mes : en-ne-mis : en : rou-gis-sent : de : hon-te : et : soient : at-teints : d'u-ne : a-gi-ta-tion : vio-len-te : qu'ils : s'en : re-tour-nent : cou-verts : de : con-fu-sion : et : de : hon-te.

Gloi-re : soit : au : Pè-re : etc.

Psau-me : 31.

Bi-en-heu-reux : sont : ceux : à : qui : les : i-ni-qui-tés : sont : par-don-né-es : et : dont : les : pé-chés : sont : cou-verts.

Bi-en-heu-reux : est : l'hom-me : à : qui : Di-eu : n'im-pu-te : point : sa : fau-te : a-près : l'a-voir : com-mi-se : et : qui : n'a : point : de : dé-gui-se-ment : en : son : es-prit.

Par-ce : que : j'ai : gar-dé : mon : mal : se-crè-te-ment : mes : os : ont : perdu : leur : for-ce : par-mi : les : cris : que : j'ai : je-tés.

Vo-tre : main : s'est : ap-pe-san-tie : sur : moi : tant : que : le : jour : et : la : nuit : ont : du-ré : et : la : dou-leur : qui me : con-su-me : m'a : des-sé-ché : comme : l'her-be : du-rant : les : cha-leurs : de : l'é-té.

C'est : pour-quoi : je : vous : ai : li-bre-ment : dé-cla-ré : mon : of-fen-se : et : je : ne : vous : ai : point : te-nu : mon : i-ni-qui-té : ca-chée.

Dès : que : j'ai : dit : il : faut : que : je : con-fes-se : con-tre : moi-mê-me : mon : pé-

ché : au : Sei-gneur : vous : avez : re-mis :
l'im-pi-é-té : de : ma : fau-te.

Ce : qui : ser-vi-ra : d'un : ex-em-ple : mé-
mo-ra-ble : à : tous : les Jus-tes : pour :
vous : a-dres-ser : leurs : pri-è-res : en :
temps : de : mi-sé-ri-cor-de.

Et : cer-tes : quand : un dé-lu-ge : de :
maux : i-non-de-rait : tou-te : : la : ter-re :
ils : n'en : pour-raient : être : au-cu-ne-ment :
at-teints.

Vous : ê-tes : mon : a-si-le : con-tre : toutes : les : ad-ver-si-tés : qui : m'en-vi-ron-
nent : vous : qui : ê-tes : ma : joie : dé-li-
vrez : moi : des : en-ne-mis : dont : je :
suis : as-si-é-gé.

Je : vous : don-ne-rai : un : esprit : clair-
vo-yant : et : vous : en-sei-gne-rai : le : che-
min : que : vous : de-vez : tenir : j'ar-rête-
rai : mes : yeux : veil-lant : à : vo-tre :
con-dui-te.

Tou-te-fois : ne : de-ve-nez : point : sem-
bla-ble : au : che-val : et : au : mu-let :
qui : n'ont : point : d'en-ten-de-ment.

Vous : leur : don-ne-rez : le : mords : et :
la : bri-de : pour : les : em-pê-cher : de :

mor-dre : et : de : ru-er : con-tre : vous.

Plu-si-eurs : ma-lé-dic-tions : se : ré-pan-dront : sur : les : pé-cheurs : mais : la : mi-sé-ri-cor-de : se-ra : le : par-ta-ge : de : ceux : qui : met-tent : leur : es-pé-ran-ce : au : Sei-gneur.

Ré-jou-is-sez-vous : donc : au : Sei-gneur : hom-mes : jus-tes : et : vous : tous : qui : ê-tes : nets : de : cœur : so-yez : trans-por-tés : de joie.

Gloi-re : soit : au : Pè-re : etc.

Psau-me : 37.

Sei-gneur : ne : me : re-pre-nez : point : dans : vo-tre : fu-reur : et : ne : me : cor-ri-gez : point : dans : le : fort : de : vo-tre : co-lè-re.

J'ai : dé-jà : sen-ti : les : traits : pi-quants : de : vo-tre : in-di-gna-tion : que : vous : a-vez : lan-cés : con-tre : moi : et : sur : qui : vous : a-vez : ap-pe-santi : vo-tre : main.

Ma : chair : tou-te : cou-ver-te : d'ul-cè-res : é-prou-ve : bien : les : ef-fets : de : vo-tre : co-lè-re : et : à : cau-se : de : mes : péchés : mes : os : ne : re-çoi-vent : au-cun : re-pos.

Car : il : est : vrai : que : mes : i-ni-qui-tés : me : noi-ent : et : se : sont : é-le-vé-es : par : des-sus : ma : tê-te : el-les : m'ac-ca-blent : sous : leur : faix.

Mes : ci-ca-tri-ces : se : sont : en-vi-eil-lies : et : ont : dé-gé-né-ré : par : ma : fo-lie : en : u-ne : cor-rup-tion : sans : re-mè-de.

É-tant : ain-si : de-ve-nu : mi-sé-ra-ble : et : cour-bé : sous : les : en-nuis : je : mar-che : tout : le : jour : avec : u-ne : gran-de : tris-tes-se.

Mes : reins : pleins : d'u-ne : ar-deur : ex-ces-si-ve : me : cau-sent : d'é-tran-ges : il-lu-si-ons : et : je : n'ai : au-cu-ne : par-tie : de : mon : corps : où : je : ne : souf-fre.

Je : suis : si : fort : af-fli-gé : et : a-bai-sé : qu'au : li-eu : de : plain-tes : mon : cœur : n'ex-pri-me : sa : dou-leur : que : par : des : san-glots : et : des : cris.

Sei-gneur : vo-yez : tou-tes : mes : in-ten-ti-ons : mes : pleurs : ni : mes : gé-mis-se-ments : ne : vous : sont : point : ca-chés.

Mon : cou-ra-ge : s'é-ton-ne : je : n'ai :
plus : de : for-ce : ni : de : vi-gueur : et :
mes : yeux : qui : sont : a-veu-glés : de :
mes : lar-mes : n'a-per-çoi-vent : plus : la :
clar-té.

Mes : a-mis : et : mes : pro-ches : se :
sont : éloi-gnés : de : moi : me : vo-y-ant :
ré-duit : en : ce : fâ-cheux : é-tat.

Mes : voi-sins : s'en : sont : ré-ti-rés :
aus-si : et : ceux : qui : cher-chent : à :
m'ô-ter : la : vie : y em-ploi-ent : des :
vi-o-len-ces.

Ils : n'é-pi-ent : que : les : oc-ca-si-ons :
de : me : nu-ire : et : ti-en-nent : de :
mau-vais : dis-cours : de : moi : ils :
pas-sent : les : jours : à cher-cher : ma :
ru-i-ne.

Né-an-moins : com-me : si j'eus-se : été :
sourd : je : ne : les : ai : point : é-cou-tés :
com-me : si j'eus-se é-té : mu-et : je : n'ai :
point : ou-vert : la : bou-che : pour : leur :
ré-pon-dre.

J'ai : bou-ché : mes : oreilles : à tous :
leurs : re-pro-ches : et : ma : langue : n'a
point : eu : la : pei-ne : de : re-pous-ser :
leurs : in-ju-res.

Par-ce : qu'en : vous : Seigneur : j'ai : mis :
tou-te : mon : es-pé-ran-ce : Sei-gneur : mon :
Di-eu : vous : ex-au-ce-rez : s'il : vous : plaît :
ma : pri-è-re.

Je : vous : pri-e : que : mes : en-ne-
mis : ne : se : glo-ri-fi-ent : de : mes :
mi-sè-res : ni : que : dès : le : mo-ment :
que : je : fais : un : faux : pas : ils : se :
dres-sent : con-tre : moi : pour : me : faire :
tom-ber.

Je : suis : pour-tant : dis-po-sé : à :
souf-frir : tou-jours : la : per-sé-cu-ti-on :
et : la : dou-leur : que : j'ai mé-ri-té-e :
se : pré-sen-te : con-ti-nu-el-le-ment : à :
mes : yeux.

Car : j'a-vou-e : que : j'ai : com-mis : de :
gran-des : i-ni-qui-tés : et : je : ne : pro-
po-se : à : ma : pensé-e : jour : et : nuit :
que : l'objet : de : mon : crime.

Ce-pen-dant : mes : en-ne-mis : vi-vent :
con-tents : ils : se : for-ti-fi-ent : con-tre :
moi : et : leur : nom-bre : aug-men-te : tous :
les : jours.

Ils : me : ren-dent : le : mal : pour :
le : bien : par-ce : que : j'ai-me : la paix :
et : la : dou-ceur.

Sei-gneur : ne m'a-ban-don-nez : point :
dans : ces : pé-rils : mon : Di-eu : ne : vous :
é-loi-gnez : point : de : moi.

Ve-nez : promp-te-ment : à : mon : secours : mon : Sei-gneur : et : mon : Di-eu :
puis-que : vous : ê-tes : mon : sa-lut : Gloi-re :
au : Pè-re : etc.

Psau-me : 50.

Mon : Di-eu : ay-ez : pi-ti-é : de : moi :
selon : vo-tre : grande : mi-sé-ri-
cor-de.

Et : se-lon : la : mul-ti-tu-de : de :
vos : bon-tés : ef-fa-cez : mon : i-ni-qui-
té.

Ver-sez : a-bon-dam-ment : sur : moi :
de : quoi : me : la-ver : de : mes : fautes : pu-ri-fiez moi : de : mon : pé-ché.

Je : re-con-nais : mes : of-fenses : et :
mon : cri-me : est : tou-jours : pré-sent : à
mes : yeux.

Con-tre : vous : seul : j'ai : pé-ché :

et : j'ai : com-mis : devant : vos : y-eux : tout : le : mal : dont : je : me : sens : cou-pa-ble Soy-ez : re-con-nu : vé-ri-ta-ble : en : vos pro-mes-ses : de-meu-rez : vic-to-rieux ; quand : vous : pro-non-cez : vos : ju-ge-ments.

J'ài : été : souil-lé : de : vi-ces : dès : l'ins-tant : de : ma : for-ma-tion : et ma : mè-re : m'a : con-çu : en pé-ché.

Mais : pour-tant : com-me : vous : avez : tou-jours : ai-mé : la : vé-ri-té : aussi : vous : a-t-il : plu : de : me ré-vé-ler : les mys-tè-res : se-crets : de : vo-tre di-vi-ne : sæ-ges-se.

Ar-ro-sez : moi : de : l'hy-so-pe : et : je : se-rai : pur : la-vez-moi : et : je : de-vien-drai : plus : blanc : que : la : nei-ge.

Fai-tes-moi : en-ten-dre : la : voix : in-té-ri-eu-re : de : vo-tre : Saint : Esprit : qui : me : com-ble-ra : de : joie : et : el-le : ira : jus-que : dans : mes : os : af-fai-blis : par : le : tra-vail.

.Dé-tour-nez : vos : yeux : de : mes : pé-chés : et : ef-fa-cez : les : ta-ches : de : mes : i-ni-qui-tés.

Mon : Di-eu . met-tez : un : cœur : pur : dans : mon : sein : re-nou-ve-l ez : dans : mes : en-trail-les : l'es-prit : d'in-no-cen-ce.

Ne : me : con-dam-nez : point : à : de-meu-rer : é-loi-gné : de : vo-tre : pré-sen-ce : ne : re-ti-rez : point : de : moi : vo-tre : Saint : Es-prit.

Ren-dez : à : mon : â-me : la : joie : qu'el-le : re-ce-vra : dès : que : vous : se-rez : son : sa-lut : et : as-su-rez : si : bien : mes : for-ces : par : vo-tre : es-prit : que : je : ne : trem-ble : plus.

J'en-sei-gne-rai : vos : voies : aux : mé-chants : et : les : im-pies : con-ver-tis. : im-plo-re-ront : vo-tre : mi-séri-cor-de.

O : mon : Di-eu : le Di-eu : de : mon : sa-lut : pu-ri-fi-ez : moi : du : cri-me : d'homi-ci-de : et : ma : lan-gue : s'es-ti-me-ra : heu-reu-se : de : ra-con-ter : les : mi-ra-cles : de vo-tre : jus-ti-ce.

Sei-gneur : ou-vrez : s'il : vous : plaît : mes : lè-vres : et : ma : bou-che : aus-si-tôt : an-non-ce-ra : vos : lou-an-ges.

Car : si : vous : eus-siez : voulu : des :

sa-cri-fi-ces : j'eus-se : te-nu : à : hon-neur : d'en : char-ger : vos : Au-tels : mais : je : sais : bien : que : les : hò-lo-caustes : ne : peu-vent : a-paiser : vo-tre : cour-roux.

Un : es-prit : af-fli-gé : du : re-gret : de : ses : pé-chés : est : le : Sa-cri-fi-ce : a-gré-a-ble : à : Di-eu : Mon : Di-eu : vous : ne : mé-pri-se-rez : point : un : cœur : con-trit : et hu-mi-li-é.

Sei-gneur : fa-vo-ri-sez : la Vil-le : de : Si-on : sui-vant : vo-tre : bon-té : ac-cou-tu-mée : et : per-met-tez : que : les : mu-rail-les : de : Jé-ru-sa-lem : soient : re-le-vées.

A-lors : vous : a-gré-e-rez : les : sa-cri-fi-ces : de : jus-ti-ce : vous : ac-cep-te-rez : nos : o-bla-tions : et : nos : ho-lo-caustes : et : l'on : of-fri-ra : des : of-fran-des : sur : vos : Au-tels : Gloire : etc.

Psau-me : 101.

Sei-gneur : ex-au-cez : ma : pri-è re : et : per-met-tez : que : mon : cri : ail-le : jus-ques : à : vous.

Ne : dé-tour-nez : point : vo-tre : vi-sa-ge :

de : des-sus : ma : mi-sè-re : mais : prê-tez : l'o-reil-le : à : ma : voix : quand : je : suis : en : af-flic-tion.

En : quel-que : temps : que : je : vous : in-vo-que : ex-au-cez-moi : promp-te-ment.

Parce : que : mes : jours : s'é-cou-lent : com-me : la : fu-mée : et : mes : os : se : con-su-ment : com-me : un : ti-son : dans : le : feu.

Mon : cœur : pé-né-tré : de : tris-tes-se : me : fait : res-sem-bler : à : cet-te : her-be : cou-pée : qui : est : sans : vigueur : et : mon : â-me : est : si : af-fli-gée : que : j'ou-blie : de : man-ger : mon : pain.

A : for-ce : de : me : plain-dre : et : de : sou-pi-rer : mes : os : tien-nent : à : ma : peau.

Je : res-sem-ble : au : Pé-li-can : dans : le : dé-sert : ou : à : la : Chouet-te : en-ne-mie : de : la : lu-miè-re : qui : se : ti-ent : dans : les : trous : d'u-ne : mai-son.

Je : ne : re-po-se : point : tou-tes : les : nuits : je : de-meu-re : so-li-tai-re : com-me : le : pas-se-reau : dans : son : nid.

Mes : en-ne-mis : me : font : des : re-pro-ches : tout : le : long : de : la : jour-née : et : ceux . qui : m'ont : don-né : des : lou-an-ges : se : sont : ef-forcés : de : me : dés-ho-no-rer : voy-ant : que : je : man-geais : de : la : cen-dre : au : lieu : de pain : et : que : je : mê-lais : mon : breuvage : avec : l'eau : de : mes : pleurs.

De-vant : la : pré-sen-ce : de : vo-tre : co-lè-re : et : de : vo-tre : in-di-gna-ti-on : puis-que : a-près : m'a-voir : é-le-vĕ : vous : m'a-vez : si : fort : a-bat-tu.

Mes : jours : sont : com-me : l'om-bre : du : soir : qui : s'obs-cur-cit : s'al-lon-ge : la : nuit : ap-pro-chant : le : cha-grin : me : fait : sé-cher : com-me : le : foin.

Mais : vous : Sei-gneur : qui : de-meu-rez : é-ter-nel-le-ment : la : mé-moi-re : de : vo-tre : nom : se-ra : im-mor-tel-le : pas-sant : de : gé-né-ra-ti-on : en : gé-né-ra-ti-on.

Tour-nez : vos : re-gards : sur : Si-on : quand : vous : re-vi-en-drez : de : vo-tre : som-meil : pre-nez : pi-tié : de : ses : mi-sè-res : puis-qu'il : est : temps : de : lui : par-don-ner.

Il : est : vrai : que : ses : pi-er-res : sont :

tel-le-ment : chè-res : à : vos : ser-vi-teurs : qu'ils : ont : re-gret : de : voir : u-ne : si : bel-le : Vil-le : dé-trui-te.

A-lors : Sei-gneur : vo-tre : nom : se-ra : re-dou-té : par : tou-tes : les : na-ti-ons : et : vo-tre : gloi-re : é-pou-van-te-ra : tous : les : rois : de : la : ter-re.

Quand : on : sau-ra : que : vous : a-vez : re-bâ-ti : Si-on : où : le : Sei-gneur : paraî-tra : dans : sa : gloi-re.

Il : re-gar-de-ra : fa-vo-ra-ble-ment : la : pri-è-re : des : hum-bles : et ne : ti-en-dra : point : leur : sup-pli-ca-tion : di-gne : de : mé-pris.

Tou-tes : ces : cho-ses : se-ront : con-si-gnées : dans : l'his-toi-re : pour : l'ins-truc-ti-on : de : la : pos-té-ri-té : qui : en : don-ne-ra : des : lou-an-ges : au : Sei-gneur.

Il : re-gar-de : i-ci : bas : du : saint : li-eu : où : son : Trô-ne : est : é-le-vé : du : Ci-el : où : il : ré-si-de : il : jet-te : ses : y-eux : sur : la : ter-re.

Pour : en-ten-dre : les : cris : de : ceux : qui : sont : dans : les : fers : et : pour : rom-pre : les : chaî-nes : de : ceux : qui : sont : con-dam-nés : à : la : mort.

A-fin : que : le : nom : du : Sei-gneur : soit : ho-no-ré : dans : Si-on : et : que : sa : lou-an-ge : soit : chan-té-e : en : Jé-ru-sa-lem.

Quand : tous : les : peu-ples : s'as-sem-ble-ront : que : les : Roy-au-mes : s'u-ni-ront : pour : le : ser-vir : et : pour : a-do-rer : son : pou-voir.

Mais : je : sens : qu'il : a-bat : mes : for-ces : par : la : lon-gueur : du : che-min : Il : a : di-mi-nu-é : le : nom-bre : de : mes : jours.

C'est : pour-quoi : je : m'a-dres-se : à : mon : Di-eu : et : j'ai : dit : Sei-gneur : ne : m'ô-tez : pas : du : mon-de : au : mi-li-eu : de : ma : vi-e : vos : an-né-es : ne : fi-ni-ront : ja-mais.

Car : c'est : vous : qui : dès : le : com-men-ce-ment : a-vez : as-su-ré : les : fon-de-ments : de : la : ter-re : et : les : Ci-eux : sont : les : œuvres : de : vos : mains.

Mais : ils : pé-ri-ront : et : il : n'y : au-ra : que : vous : seul : de : per-ma-nent : tou-tes : ces : cho-ses : vi-eil-li-ront : com-me : le : vê-te-ment.

Et : vous : le : chan-ge-rez : com-me :

un : man-teau : ou : com-me : un : pa-vil-lon : et vous : se-rez : tou-jours : le : mê-me : que : vous : a-vez : é-té : sans : que : vos : an-né-es : pren-nent : ja-mais : de : fin.

Tou-te-fois : les : en-fants : de : vos : ser-vi-teurs : au-ront : u-ne : de-meu-re : as-su-rée : et : ceux : qui : naî-tront : d'eux : jou-i-ront : en : vo-tre : pré-sen-cè : d'u-ne : gran-de : fé-li-ci-té.

Gloi-re : soit : au : Pè-re : etc.

Psau-me : 129.

Sei-gneur : je : me : suis : é-cri-é : vers : vous : du : plus : pro-fond : a-bî-me : de : mes : en-nuis : Sei-gneur : é-cou-tez : ma : voix.

Ren-dez : s'il : vous : plaît : vos : o-reil-les : at-ten-ti-ves : aux : tris-tes : ac-cents : de : mes : plain-tes.

Sei-gneur : si : vous : ex-a-mi-nez : de : près : nos : of-fen-ses : qui : est-ce : qui : pour-ra : sou-te-nir : les : ef-forts : de : vo-tre : co-lè-re.

Mais : la : clé-men-ce : et : le : par-don :

se : trou-vent : chez : vous : ce : qui : est : cau-se : que : vous : ê-tes : craint : et : ré-vé-ré : et : que : j'at-tends : l'ef-fet : de : vos : pro-mes-ses.

Mon : â-me : s'é-tant : as-su-rée : sur : vo-tre : pa-ro-le : a : mis : tou-tes : ses : es-pé-ran-ces : en : Di-eu.

Ain-si : de-puis : la : gar-de : as-si-se : dès : l'au-be : du : jour : jus-qu'à : la : sen-ti-nel-le : de : la : nuit : Is-ra-ël : es-pè-re : tou-jours : au : Sei-gneur.

Car : il : y : a : dans : le : Sei-gneur : u-ne : plé-ni-tu-de : de : mi-sé-ri-cor-des : et : u-ne : a-bon-dan-ce : de : grâ-ces : pour : nous : ra-che-ter.

Et : c'est : lui-même : qui : ra-chè-te-ra : son : peu-ple : de : tous : ses : pé-chés.

Gloi-re : soit : au : Pè-re : etc.

Psau-me : 142.

Sei-gneur : ex-au-cez : ma : pri-è-re : prê-tez : l'o-reil-le : à : mon : o-rai-son : en-ten-dez : moi : se-lon : la : vé-ri-té : de : vos : pro-mes-ses : se-lon : vo-tre : jus-ti-ce.

N'en-trez : point : en : ju-ge-ment :
a-vec : vo-tre : ser-vi-teur- : car-au-cun : ne :
se : peut : ja-mais : jus-ti-fi-er : de-vant :
vous.

L'en-ne-mi : qui : m'a : per-sé-cu-té :
sans : me : don-ner : un mo-ment : de :
re-lâ-che : m'a : pres-que : ré-duit : à :
ex-pi-rer : en : mor-dant : la : pous-
si-è-re.

Il : m'a : je-té : dans : l'hor-reur :
des té-nè-bres : com-me : si : j'é-tais :
dé-jà : mort : au : mon-de : de : quoi :
mon : es-prit : se : trou-ve : a-gi-té :
par : beau-coup : d'in-qui-é-tu-des : et :
mon : cœur : se : con-su-me : de : dou-
leur.

Mais : je : me : suis : con-so-lé : par :
le : sou-ve-nir : des : temps : pas-sés :
dis-cou-rant : en : mon : es-prit : de :
vos : ac-ti-ons : mer-veil-leu-ses : en :
fa-veur : de : nos : Pè-res : et : mé-
di-tant : sur : les : ou-vra-ges : de : vos :
mains.

Je : vous : tends : les : mi-en-nes :
et : mon : à-me : vous : dé-si-re :
a-vec : au-tant : d'im-pa-ti-en-ce : que :
la : ter-re : sè-che : at-tend : de : l'eau.

Sei-gneur : ex-au-cez : moi : donc : promp-te-ment : car : mes : for-ces : me : quit-tent : et : mon : es-prit : est : dé-jà : sur : le : bord : de : mes : lè-vres.

Ne : dé-tour-nez : point : de : moi : vo-tre : vi-sa-ge : afin : que : je : ne : de-vi-en-ne : point : sem-bla-ble : à : ceux : qui : des-cen-dent : dans : l'a-bî-me.

Mais : plu-tôt : qu'il : vous : plaise : me : fai-re : en-ten-dre : dès : le : ma-tin : la : voix : de : vo-tre : mi-sé-ri-cor-de : puis-que : c'est : en : vous : que : j'ai : mon : es-pé-ran-ce.

Mon-trez : moi : le : che-min : par : le-quel : je : dois : mar-cher : d'au-tant : que : mon : â-me : est : tou-jours : é-le-vée : vers : vous.

Sei-gneur : dé-li-vrez : moi : du : pou-voir : de : mes : en-ne-mis : je : me : jet-te : en-tre : vos : bras : en-sei-gnez : moi : à : fai-re : vo-tre : vo-lon-té : car : vous : ê-tes : mon : Di-eu.

Vo-tre : es-prit : qui : est : bon : me : con-dui-ra : par : u-ne : ter-re : u-nie : et : pour : la : gloi-re : de vo-tre : nom : Sei-gneur : vous : me : re-don-ne-rez : des :

for-ces : et : la : vi-gueur : se-lon : votre :
é-qui-té :

Dé-li-vrez : mon : â-me : des : af-flic-tions :
qui : l'op-pres-sent : et : me : fai-sant : sen-tir :
les : ef-fets : de : vo-tre : mi-sé-ri-cor-de : ex-
ter-mi-nez : mes : en-ne-mis.

Per-dez : tous : ceux : qui : tâ-chent : de : m'ô-
ter : la : vie : par : les : pei-nes : qu'ils : donnent : à : mon : es-prit : car : je : suis : vo-
tre : ser-vi-teur.

Gloi-re : soit : au : Pè-re : etc.

PRIÈRES

DURANT LA MESSE.

POUR SE DISPOSER A LA BIEN ENTENDRE.

Je me présente, ô mon adorable Sauveur ! devant les saints autels, pour assister à votre divin sacrifice. Daignez, ô mon Dieu, m'en appliquer tout le fruit que vous souhaitez que j'en retire, et suppléer aux dispositions qui me manquent.

Disposez mon cœur aux doux effets de votre bonté; fixez mes sens, réglez mon esprit, purifiez mon âme, effacez par votre sang tous les péchés dont je suis coupable. Oubliez-les tous, ô Dieu de miséricorde ! je les déteste pour l'amour de vous ; je vous en demande très humblement pardon, pardonnant moi-même de bon cœur à tous ceux qui auraient pu m'offenser. Faites, ô mon doux Jésus ! qu'unissant mes intentions aux vôtres, je me sacrifie tout à vous, comme vous vous sacrifiez entièrement pour moi.

Ainsi soit-il.

COMMENCEMENT DE LA MESSE.

✝ In nomine Patris, et Filii et Spiritus sancti. Amen.

C'est en votre nom, adorable Trinité, c'est pour vous rendre l'honneur et les hommages qui vous sont dus, que j'assiste au très saint et très auguste sacrifice.

Permettez-moi, divin Sauveur, de m'unir d'intention au ministre de vos autels, pour offrir la précieuse victime de mon salut, et donnez-moi les sentiments que j'aurais dû avoir sur le Calvaire, si j'avais assisté au sacrifice sanglant de votre Passion.

Confiteor.

Je m'accuse devant vous, ô mon Dieu ! de tous les péchés dont je suis coupable ; je m'en accuse en présence de Marie la plus pure de toutes les vierges, de tous les Saints et de tous les fidèles, parce que j'ai péché en pensées, en paroles, en actions, en omissions, par ma faute, oui, par ma faute, et ma très grande faute. C'est pourquoi je conjure la très sainte Vierge et tous les Saints de vouloir intercéder le Seigneur pour moi.

Seigneur, écoutez favorablement ma prière, accordez-moi l'indulgence, l'absolution et la rémission de tous mes péchés.

Kyrie, eleison.

Divin créateur de nos âmes, ayez pitié de l'ouvrage de vos mains ; Père miséricordieux, faites miséricorde à vos enfants.

Auteur de notre salut, immolé pour nous, appliquez-nous les mérites de votre mort et de votre précieux Sang.

Aimable Sauveur, doux Jésus, ayez compassion de nos misères, pardonnez-nous nos péchés.

Gloria in excelsis.

Gloire à Dieu dans le ciel, et paix aux hommes de bonne volonté sur la terre. Nous vous louons, Seigneur, nous vous bénissons, nous vous adorons, nous vous glorifions, nous vous rendons de très humbles actions de grâce dans la vue de votre grande gloire, vous qui êtes le Seigneur le Souverain Monarque, le Très-Haut, le seul vrai Dieu, le Père tout-puissant.

Adorons Jésus, Fils unique du Père, Dieu et Seigneur de toutes choses. Agneau envoyé de Dieu pour effacer les péchés du monde, ayez pitié de nous, et du haut du ciel où vous régnez avec votre père, jetez un regard de compassion sur nous. Sauvez-nous : vous êtes le seul qui le puissiez, Seigneur Jésus, parce que vous êtes le seul infiniment saint, infiniment puissant, infiniment adorable, avec le Saint-Esprit dans la gloire du Père. Ainsi soit-il.

Oraison.

Accordez-nous, Seigneur, par l'intercession de la sainte Vierge et des Saints que nous honorons, toutes les grâces que notre ministre vous demande pour lui et pour nous. M'unissant à lui, je vous fais la même prière pour ceux ou celles pour lesquels je suis obligé de prier ; et je vous demande, Seigneur, pour eux et pour moi, tous les secours que vous savez nous être néceesaires, afin d'obtenir la vie éternelle : au nom de Jésus-Christ Notre-Seigneur. Ainsi soit-il.

Epître.

Mon Dieu, vous m'avez appelé à la connaissance de votre sainte loi, préférablement à tant de peuples qui vivent dans l'ignorance de vos mystères. Je l'accepte de tout mon cœur, cette divine loi, et j'écoute avec respect les sacrés oracles que vous avez prononcés par la bouche de vos prophètes. Je les révère avec toute la soumission qui est due à la parole d'un Dieu, et j'en vois l'accomplissement avec toute la joie de mon âme.

Que n'ai-je pour vous, ô mon Dieu ! un cœur semblable à celui des Saints de votre ancien Testament ! Que ne puis-je vous désirer avec l'ardeur des Patriarches, vous connaître et vous révérer comme les Prophètes, vous aimer et m'attacher uniquement à vous comme les Apòtres !

Évangile.

Ce ne sont plus, ô mon Dieu ! les Prophètes ni les Apôtres qui vont m'instruire de mes devoirs ; c'est votre Fils unique : c'est sa parole que je vais entendre. Mais, hélas ! que me servira d'avoir cru que c'est votre parole, Seigneur Jésus, si je n'agis pas conformément à ma croyance ? Que me servira, lorsque je paraîtrai devant vous, d'avoir eu la foi, sans le mérite de la charité et des bonnes œuvres ?

Je crois, et je vis comme si je ne croyais pas ou comme si je croyais un Évangile contraire au vôtre. Ne me jugez pas, ô mon Dieu ! sur cette opposition perpétuelle que je mets entre vos maximes et ma conduite. Je crois, mais inspirez-moi le courage et la force de pratiquer ce que je crois. A vous, Seigneur, en reviendra toute la gloire.

Credo.

Je crois en un seul Dieu, le Père tout-puissant, Créateur de l'univers, en Notre-Seigneur Jésus-Christ, son Fils unique, parfaitement semblable à lui, saint, puissant, éternel, Dieu comme lui. Je crois que ce Fils adorable s'est fait homme pour l'amour de nous, qu'il a souffert, qu'il est mort, qu'il est ressuscité, qu'il est monté au ciel, qu'il en descendra pour juger les hommes, et qu'ensuite il continuera un règne éternellement heureux.

Je crois au Saint-Esprit, Dieu comme le Père et le Fils, procédant de l'un et de l'autre, et partageant la même gloire avec eux ; source de vie, auteur de la sanctification des hommes et la lumière des Prophètes. Je crois une Église sainte, catholique, apostolique, un baptême institué pour la rémission des péchés ; et plein de confiance en la miséricorde de mon Dieu, j'attends la résurrection des morts et la vie éternelle. Ainsi soit-il.

Offertoire.

Père infiniment saint, Dieu tout-puissant et éternel, quelque indigne que je sois de paraître devant vous, j'ose vous présenter cette Hostie par les mains du Prêtre, avec l'intention qu'a eue Jésus-Christ mon Sauveur lorsqu'il institua ce sacrifice, et qu'il a encore au moment où il s'immole ici pour moi.

Je vous l'offre pour reconnaître votre souverain domaine sur moi et sur toutes les créatures ; je vous l'offre pour l'expiation de mes péchés, et en actions de grâces de tous les bienfaits dont vous m'avez comblé.

Je vous l'offre enfin, mon Dieu, cet auguste sacrifice, afin d'obtenir de votre infinie bonté, pour moi, pour mes parents, pour mes bienfaiteurs, mes amis et mes ennemis, ces grâces précieuses du salut qui ne peuvent être accordées à un pécheur qu'en vue des mérites de celui qui est le Juste par excellence, et qui s'est fait victime de propitiation pour tous.

Mais en vous offrant cette adorable victime, je vous recommande, ô mon Dieu ! toute l'Église catholique, notre S. P. le Pape, notre Évêque, tous les Pasteurs des âmes, les Princes chrétiens et tous les peuples qui croient en vous.

Souvenez-vous aussi, Seigneur, des fidèles trépassés, et en considération des mérites de votre Fils, donnez-leur un lieu de rafraîchissement, de lumière et de paix.

N'oubliez pas, mon Dieu, vos ennemis et les miens ; ayez pitié de tous les infidèles, des hérétiques et de tous les pécheurs. Comblez de bénédictions ceux qui me persécutent, et me pardonnez mes péchés comme je leur pardonne tout le mal qu'ils me font, ou qu'ils voudraient me faire. Ainsi-soit-il.

Préface.

Voici l'heureux moment où le Roi des Anges et des hommes va paraître. Seigneur, remplissez-moi de votre esprit ; que mon cœur, dégagé de la terre, ne pense qu'à vous. Quelle obligation n'ai-je pas de vous bénir et de vous louer en tout temps et en tout lieu, Dieu du ciel et de la terre, Maître infiniment grand, Père tout-puissant et éternel !

Rien n'est plus juste, rien n'est plus avantageux que de nous unir à Jésus-Christ, pour vous adorer continuellement. C'est par lui que tous les Esprits bienheureux rendent leurs hommages à votre Majesté ; c'est par lui que toutes les Vertus du ciel, saisies d'une frayeur respectueuse, s'unissent pour vous glorifier. Souffrez, Seigneur, que nous joignions nos faibles louanges à celles de ces saintes intelligences, et que, de concert avec elles, nous disions, dans un transport de joie et d'admiration :

Sanctus.

Saint, saint, saint, est le Seigneur, le Dieu des armées. Tout l'univers est rempli de sa gloire. Que les bienheureux le bénissent dans le ciel. Béni soit celui qui nous vient sur la terre, Dieu et Seigneur comme celui qui l'envoie.

Le Canon.

Nous vous conjurons au nom de Jésus-Christ, votre Fils et Notre-Seigneur, ô Père infiniment miséricordieux ! d'avoir pour agréable et de bénir l'offrande que nous vous présentons, afin qu'il vous plaise de conserver, de défendre et de gouverner votre sainte Église catholique, avec tous les membres qui la composent, le Pape, notre Évêque, notre Souverain, et généralement tous ceux qui font profession de votre sainte foi.

Nous vous recommandons en particulier, Seigneur, ceux pour qui la justice, la reconnaissance et la charité nous obligent de prier, tous ceux qui sont présents à cet adorable sacrifice, et singulièrement N. et N. Et afin, grand Dieu, que nos hommages vous soient plus agréables, nous nous unissons à la glorieuse Marie toujours vierge, Mère de notre Dieu et Seigneur Jésus-Christ, à tous vos Apôtres, à tous les bienheureux martyrs, et à tous les Saints qui composent avec nous une même Église.

Que n'ai-je en ce moment, ô mon Dieu! les désirs enflammés avec lesquels les saints Patriarches souhaitaient la venue du Messie ! Que n'ai-je leur foi et leur amour ! Venez, Seigneur Jésus, venez, aimable Réparateur du monde, venez accomplir un mystère qui est l'abrégé de toutes vos merveilles. Il vient, cet Agneau de Dieu : voici l'adorable Victime par qui tous les péchés du monde sont effacés.

Elévation.

Verbe incarné, divin Jésus, vrai Dieu et vrai homme, je crois que vous êtes ici présent ; je vous y adore avec humilité ; je vous aime de tout mon cœur, et comme vous y venez pour l'amour de moi, je me consacre entièrement à vous.

J'adore ce Sang précieux que vous avez répandu pour tous les hommes, et j'espère, ô mon Dieu ! que vous ne l'aurez pas versé inutilement pour moi. Faites-moi la grâce de m'en appliquer les mérites. Je vous offre le mien, aimable Jésus, en reconnaissance de cette charité infinie que vous avez eue de donner le vôtre pour l'amour de moi.

Suite du Canon.

Quelles seraient donc désormais ma malice et mon ingratitude, si après avoir vu ce que je vois, je consentais à vous offenser ! Non, mon Dieu, je n'oublierai jamais ce que vous me représentez par cette auguste cérémonie, les souffrances de votre passion, la gloire de votre Résurrection, votre Corps tout déchiré, votre Sang répandu pour nous, réellement présent à mes yeux sur cet autel.

C'est maintenant, éternelle Majesté, que nous vous offrons, de votre grâce, véritablement et proprement la Victime pure, sainte et sans tache, qu'il vous a plu de nous donner vous-même, et dont toutes les autres n'étaient que la figure. Oui, grand Dieu nous osons vous le dire il y a ici plus que tous les sacrifices d'Abel, d'Abraham et de Melchisédech, la seule Victime digne de votre autel, Notre-Seigneur Jésus-Christ votre Fils, l'unique objet de vos éternelles complaisances.

Que tous ceux qui participent ici de la bouche ou du cœur à cette sacrée Victime, soient remplis de sa bénédiction.

Que cette bénédiction se répande, ô mon Dieu! sur les âmes des fidèles qui sont morts dans la paix de l'Église, et particulièrement sur l'âme de *N.* et de *N.* Accordez-leur, Seigneur, en vue de ce sacrifice, la délivrance entière de leurs peines.

Daignez nous accorder aussi un jour cette grâce à nous-mêmes, Père infiniment bon, et faites-nous entrer en société avec les saints Apôtres, les saints Martyrs et tous les Saints, afin que nous puissions vous aimer et glorifier éternellement avec eux. Ainsi soit-il.

Pater noster.

Que je suis heureux, ô mon Dieu, de vous avoir pour Père! Que j'ai de joie de songer que le ciel où vous êtes doit être un jour ma demeure! Que votre saint nom soit glorifié par toute la terre. Régnez absolument sur tous les cœurs et sur toutes les volontés. Ne refusez pas à vos enfants la nouriture spirituelle et corporelle. Nous pardonnons de bon cœur; pardonnez-nous, soutenez-nous dans les tentations et dans les

maux de cette misérable vie ; mais préservez-
nous du péché, le plus grand de tous les maux.
Ainsi soit-il.

Agnus Dei.

Agneau de Dieu, immolé pour moi, ayez pitié
de moi. Victime adorable de mon salut, sau-
vez-moi. Divin Médiateur, obtenez-moi ma
grâce auprès de votre Père ; donnez-moi votre
paix.

Communion.

Qu'il me serait doux, ô mon aimable Sauveur ! d'être du nombre de ces heureux chrétiens à qui la pureté de conscience et une tendre piété permettent d'approcher tous les jours
de votre sainte table !

Quel avantage pour moi, si je pouvais en ce
moment vous posséder dans mon cœur, vous
y rendre mes hommages, vous y exposer mes
besoins, et participer aux grâces que vous faites
à ceux qui vous reçoivent réellement ! Mais
puique j'en suis très indigne, suppléez, ô mon
Dieu ! à l'indisposition de mon âme. Pardonnez-
moi tous mes péchés ; je les déteste de tout
mon cœur, parce qu'ils vous déplaisent. Recevez
le désir sincère que j'ai de m'unir à vous. Puri-
fiez-moi d'un seul de vos regards, et mettez-
moi en état de vous bien recevoir au plus tôt.

En attendant cet heureux jour, je vous conjure, Seigneur, de me faire participant des fruits
que la communion du Prêtre doit produire dans
tout le peuple fidèle qui est présent à ce sacrifice.
Augmentez ma foi par la vertu de ce divin sacrement ; fortifiez mon espérance ; épurez en

moi la charité ; remplissez mon cœur de votre amour, afin qu'il ne respire plus que vous, et qu'il ne vive plus que pour vous. Ainsi soit-il.

Dernières Oraisons.

Vous venez, ô mon Dieu ! de vous immoler pour mon salut ; je veux me sacrifier pour votre gloire. Je suis votre victime : ne m'épargnez point. J'accepte de bon cœur toutes les croix qu'il vous plaira de m'envoyer ; je les reçois de votre main, je les unis à là vôtre.

Je sors purifié par vos saints mystères : je fuirai avec horreur les moindres taches du péché, surtout de celui où mon penchant m'entraîne avec plus de violence. Je serai fidèle à votre loi, et je suis résolu de tout perdre et de tout souffrir plutôt que de la violer.

Bénédiction.

Bénissez, ô mon Dieu ! ces saintes résolutions ; bénissez-nous tous par la main de votre ministre, et que les effets de votre bénédiction demeurent éternellement sur nous. Au nom du Père, et du Fils, et du Saint-Esprit.

Ainsi soit-il.

Dernier Évangile.

Verbe divin, Fils unique du Père, lumière du monde venue du ciel pour nous en montrer le chemin, ne permettez pas que je ressemble à ce peuple infidèle qui a refusé de vous reconnaître pour le Messie ; ne souffrez pas que je tombe dans le même aveuglement que ces malheureux qui ont mieux aimé devenir esclave de Satan que d'avoir part à la glorieuse adoption d'enfants de Dieu que vous veniez leur procurer.

Verbe fait chair, je vous adore avec le respect le plus profond ; je mets toute ma confiance en vous seul, espérant fermement que, puisque vous êtes mon Dieu, et un Dieu qui s'est fait Homme afin de sauver les hommes, vous m'accorderez les grâces nécessaires pour me sanctifier, et vous posséder éternellement dans le ciel. Ainsi soit-il.

Prière après la sainte Messe.

Seigneur, je vous remercie de la grâce que vous m'avez faite, en me permettant aujourd'hui d'assister au sacrifice de la sainte Messe, préférablement à tant d'autres qui n'ont pas eu le même bonheur ; et je vous demande pardon de toutes les fautes que j'y ai commises par la dissipation et la langueur où je me suis laissé aller en votre présence. Que ce sacrifice, ô mon Dieu ! me purifie pour le passé et me fortifie pour l'avenir.

Je vais présentement avec confiance aux occupations où votre volonté m'appelle. Je me souviendrai toute cette journée de la grâce que vous venez de me faire, et je tâcherai de ne laisser échapper aucune action, de ne former aucun désir ni aucune pensée qui me fasse perdre le fruit de la Messe que je viens d'entendre. C'est ce que je me propose avec le secours de votre sainte grâce. Ainsi soit-il.

LES VÈPRES

DU DIMANCHE.

Psaume 109.

Le Seigneur a dit à mon Seigneur : soyez assis à ma droite.

Tandis que terrassant vos ennemis, je les ferai servir de marchepied.

Le Seigneur fera sortir de Sion le sceptre de votre puissance, pour étendre votre empire au milieu des nations qui vous sont ennemies.

Votre peuple se rangera auprès de vous au jour de votre force, étant revêtu de la splendeur de vos Saints, dès le moment de votre naissance qui paraîtra au monde comme la rosée de l'aurore.

Le Seigneur a juré, et il ne se rétractera point ; vous êtes, dit-il, Prêtre éternellement selon l'ordre de Melchisédech.

Ce Dieu tout-puissant, qui est à vos côtés, brisera l'orgueil des rois au jour de sa fureur.

Il exercera sa justice sur toutes les nations ; il couvrira les champs de corps morts ; il brisera la tête de plusieurs qui sont sur la terre.

Il boira dans son chemin des eaux du torrent, et par là il s'élèvera dans la gloire.

Gloire soit au Père, etc.

Psaume 110.

Seigneur, je confesserai vos louanges de tout mon cœur, les publiant en l'assemblée des justes, et en la congrégation des fidèles.

Les ouvrages du Seigneur sont grands, et ceux qui les considèrent ne se peuvent lasser de les admirer.

La gloire et la magnificence paraissent dans les ouvrages de ses mains; sa justice demeure inviolable pendant l'éternité.

Il nous fait célébrer la mémoire de ses merveilles, le bon et miséricordieux Seigneur qu'il est; il nourrit ceux qui le servent avec crainte.

Il n'y a point de siècles ni de durée qui lui fassent perdre le souvenir de son alliance; il fera paraître à son peuple la vertu de ses exploits.

Il augmentera son héritage par le bien des nations infidèles, et l'on verra par les ouvrages de ses mains la vérité de ses promesses et l'infaillibilité de ses jugements.

Rien ne pourra jamais ébranler la force de ses lois, fondées sur la durée de l'éternité, composées selon les règles de la vérité et de la justice.

Il lui a plu d'envoyer la rédemption à son peuple, et de faire avec lui une alliance qui demeurât toujours.

Son nom saint et redoutable nous fait assez voir que le commencement de la sagesse est la crainte du Seigneur.

En effet, il n'y a que des personnes intelligentes qui observent ses préceptes, et leurs louanges subsisteront durant toute l'éternité.

Gloire soit au Père, etc.

Psaume 111.

Heureux est l'homme qui sert le Seigneur avec crainte ! il ne trouve point de plaisir qui égale celui d'exécuter ses commandements.

Sa postérité sera puissante sur la terre ; la race des justes sera comblée de bénédictions.

La gloire et les richesses rendront sa maison florissante, et son équité subsistera éternellement.

Ainsi la lumière se répand sur les bons parmi les ténèbres, parce que le Seigneur est juste, clément et miséricordieux.

L'homme qui est sensible aux afflictions de son prochain, l'assistant selon ses besoins, est heureux ; qui, dis-je, règle sa parole et ses actions sur les préceptes de la justice, ne tombera jamais.

Sa mémoire sera immortelle, et il ne craindra point que les langues médisantes déshonorent sa réputation.

Son cœur est disposé à mettre toute sa confiance au Seigneur, sans avoir aucune pensée de l'en détourner jamais : il ne craint rien, et il attend avec confiance la déroute de ses ennemis.

Et parce que dans la distribution de ses biens il en a usé libéralement envers les nécessiteux, sa justice demeurera éternellement, et sa puissance sera honorée de tout le monde.

Les méchants voyant cela frémiront de dépit et de rage ; ils en grinceront les dents et ils en sécheront de colère ; mais ils seront frustrés en leur attente, car les désirs des méchants périront.

Gloire soit au Père, etc.

Psaume 112.

Enfants, qui êtes appelés au service du Seigneur, louez son saint Nom.

Que le nom du Seigneur soit béni dès à présent, et pendant toute l'éternité.

Car depuis le soleil levant jusqu'au point qu'il se couche, le Nom du Seigneur mérite des louanges.

Le Seigneur est exalté par-dessus toutes les Nations ; sa gloire est élevée par-dessus tous les Cieux.

Qui est-ce donc qui peut entrer en comparaison avec le Seigneur notre Dieu, qui demeure là-haut, et qui s'abaisse toutefois jusqu'à considérer les choses qui sont dans le Ciel et sur la terre ?

Il relève les misérables de la poussière, et retire les pauvres de la fange.

Pour les établir dans les charges honorables, et pour leur faire part du gouvernement des affaires avec les Princes de son peuple.

Qui rend féconde la femme stérile et la rend joyeuse, la faisant mère de plusieurs enfants ?

Gloire au Père, etc.

Psaume 113.

En cette mémorable sortie, que fit Israël hors l'Égypte, après que la maison de Jacob fut délivrée de la captivité où elle était réduite chez un peuple barbare.

Dieu choisit la Judée pour y dresser nos sanctuaires, et pour établir son Empire en Israël.

La mer vit cette haute entreprise et prit la fuite : et le Jourdain, arrêtant ses eaux, les fit remonter du côté de sa source.

Les montagnes ont sauté comme des béliers, et les collines ont tressailli de joie dans la plaine, comme des petits agneaux auprès de leurs mères.

Mais dites-nous, grande mer, qui est-ce qui vous épouvanta si fort, quand vous vous retirâtes en fuyant ? Et vous, fleuve du Jourdain, qui vous fit retourner en arrière ?

Vous, montagnes, pourquoi bondissiez-vous comme des agneaux auprès de leurs mères?

C'est que devant la face du Seigneur la terre s'est émue ; c'est qu'elle a senti les agitations de la crainte en la présence du Dieu de Jacob.

Qui fait sortir les étangs de la pierre, et qui convertit les rochers en fontaines?

Non point à nous, Seigneur, non point à nous; mais donnez à votre nom la gloire qui lui appartient ;

A cause de la grandeur de votre miséricorde, et de la vérité de vos promesses, afin que les Nations ne disent point, où est leur Dieu ?

Car, il est au ciel, où il fait tout ce qu'il lui plaît, sans que sa puissance soit limitée.

Mais les Dieux des Gentils sont en or et en argent, l'ouvrage des mains des hommes.

Ils ont une bouche, et ne parlent point; ils ont des yeux et ne voient rien.

Ils ne sont pas capables d'écouter avec leurs oreilles ni de flairer avec leurs narines.

Leurs mains sont inutiles pour toucher, et leurs pieds sont incapables de marcher : ils ne sauraient rendre aucun son de leur gorge.

Que ceux-là qui les font, leur puissent ressembler, et tous les hommes qui mettent en eux leur confiance.

La maison d'Israël a mis toute son espérance au Seigneur : il est son secours, il est son protecteur.

La maison d'Aaron a espéré en sa seule bonté ; il est son appui et son protecteur.

Ceux qui craignent le Seigneur se confient en lui : il est leur refuge et leur protecteur.

Le Seigneur s'est souvenu de nous, et nous a donné sa bénédiction.

Il a comblé de faveurs la maison d'Israël : il a béni la maison d'Aaron.

Il a répandu ses grâces sur tous ceux qui révèrent sa puissance, depuis les plus grands jusqu'aux plus petits.

Que le Seigneur vous favorise incessamment vous et vos enfants.

Puisque vous êtes aimés de ce Seigneur qui a fait le Ciel et la terre,

Le Ciel très-haut que le Seigneur a choisi pour sa demeure, et la terre qu'il a donnée aux enfants des hommes, afin d'y habiter.

Toutefois, Seigneur, les morts ne vous loueront point, ni ceux qui descendent dans les enfers.

Mais nous qui vivons, rendons continuellement des actions de grâces au Seigneur, et reconnaissons à jamais ses faveurs.

Gloire soit au Père, etc.

HYMNE.

O Créateur de la lumière, qui produisez celle des jours, préparant l'origine du monde par le commencement d'une clarté toute nouvelle.

Vous avez ordonné qu'on appellerait jour le matin, joint avec le soir débrouillant l'horrible confusion des choses, entendez nos prières, qui sont accompagnées de larmes.

De peur que l'esprit, opprimé par les crimes, ne soit privé des biens de la vie, tandis que ne songeant point à mériter les choses éternelles, il se précipite dans les liens du péché.

Qu'il pousse ses désirs jusque dans le Ciel, qu'il remporte le prix de la vie : évitons tout ce qui peut lui être contraire, et par une sainte pénitence, purgeons notre âme de toutes ses iniquités.

Faites-nous cette faveur, Père très saint, vous son Fils unique et vous Esprit consolateur, qui régnez à perpétuité. Ainsi soit-il.

CANTIQUE DE LA VIERGE.

Mon âme glorifie le Seigneur; et mon esprit s'est réjoui en Dieu, auteur de mon salut.

Parce qu'il a regardé favorablement la petitesse de sa servante, et dès lors je serai nommée bienheureuse dans la suite de tous les âges.

Car le Tout-Puissant a opéré en moi de grandes merveilles, et son nom est saint.

Sa miséricorde passe de race en race en tous ceux qui le servent avec crainte.

Il a fait paraître la force de son bras, faisant avorter les desseins des superbes.

Il a fait descendre les puissants de leurs trônes, et a élevé les petits.

Il a pris en sa protection son serviteur Israël, s'étant resouvenu de sa miséricorde.

Selon la parole qu'il avait donnée à nos Pères, à Abraham, et à toute sa postérité pour jamais.

Gloire soit au Père, etc.

ORAISON DE TRENTE JOURS.

Quiconque dira l'oraison suivante l'espace de trente jours, en l'honneur de la très-sainte passion de notre Seigneur Jésus-Christ et de la bienheureuse Vierge Marie sa mère, obtiendra miséricordieusement l'effet de toutes ses demandes licites, ce qu'on a souvent vu par expérience.

Sainte-Marie, éternelle Vierge des Vierges, mère de miséricorde, mère de grâce, et espoir de tous les désespérés, par ce glaive de douleurs qui traversa votre âme, lorsque votre fils unique Jésus-Christ, notre Seigneur, endurait le supplice de la mort sur la croix, et par cette affection filiale qui le fit compâtir à votre douleur maternelle, et le fit avoir soin de vous recommander à son bien-aimé disciple saint Jean, héritier du très-parfait amour qu'il vous portait, je vous prie de porter compassion, et tout ensemble d'apporter remède à l'angoisse, à l'affliction, à l'infirmité, à la pauvreté, à la peine et à quelque autre sorte de nécessité où je me trouve. O refuge assuré des misérables! ô douce consolation des affligés! mère de miséricorde, consolatrice des affligés et très-prompte libératrice des orphelins en toutes leurs nécessités, écoutez mes prières, et voyez les larmes de ma sollicitude et de ma misère ; et parce que je me vois accablé de maux et d'angoisses à cause de mes péchés, je ne sais à qui recourir, sinon à vous, ma chère reine, très-douce Vierge, mère de notre Seigneur Jésus-Christ, à qui vous êtes conforme et semblable, en qualité de réformatrice de l'humanité qui vous est propre. Je vous supplie de prêter l'oreille de votre pitié ordinaire et de votre miséricorde accoutumée à mes prières, et je vous en prie, par les entrailles de votre très-doux et très miséricordieux Fils, par la douceur qu'il ressentit au temps de son alliance avec la nature humaine, qu'il délibéra conjointement avec le Père et le Saint-Esprit, de prendre, notre chair mortelle pour notre salut, et qu'ensuite, ô bienheureuse Vierge ! l'Ange vous en portant la nouvelle, et le Saint Esprit vous faisant ombre, il se couvrit de mortalité, et demeura neuf mois dans vos sacrés flancs, et vrai Dieu et vrai homme ; puis ce terme étant expiré, par la coopération du Saint-Esprit, sortant de la glorieuse et royale demeure de votre sein virginal ; il daigna bien visiter le monde ; par l'angoisse que votre même Fils eut en son cœur, lorsqu'il pria son père éternel sur le Mont des Olives, que, s'il se pouvait faire, il fût délivré du calice de sa passion par cette triple oraison, comme aussi par cette triste démarche dont vous le suivîtes en pleurant, sans l'abandonner jamais en tout le spectacle de sa passion et de sa mort ; par les opprobres, les outrages et les crachats ; par les soufflets, les moqueries et les faux témoignages et les jugements injuste qui furent donnés contre lui ; par cette robe sans couture, jetée au hasard du jeu ; par les liens et les coups de verges qu'il reçut sur son corps sacré ; par les larmes qu'il versa trois fois ; par les gouttes de sa sueur de sang ; par sa patience et son silence ; par sa crainte, son ennui et la tristesse de son cœur ; par la honte qu'il reçut se voyant tout nu en croix, suspendu en votre présence, ô Vierge affligée! et en celle de tout le peuple ; par son chef royal, par son sang divin ; par son roseau brisé, par sa couronne d'épines, par sa soif et par le dégoût qu'il eut du vinaigre détrempé de fiel ; par le sang et l'eau qui découlèrent de son côté ; par le sang et l'eau qui découlèrent de ses plaies, et nous furent de vives sources de grâce et de miséricorde ; par les clous dont ses pieds et ses mains furent percés ; par la recommandation qu'il fit de sa chère âme à son Père ; par son très-doux esprit qu'il lui rendit, criant hautement : *Mon Dieu, mon Dieu, pourquoi m'avez-vous délaissé ?* et baissant la tête, dit : *Tout est consommé.* Par la rupture du voile du temple et des pierres ; par l'éclipse du soleil et de la lune ; par le tremblement de terre, par la miséricorde qu'il exerça envers le bon larron ; par sa passion et sa croix ; par sa descente aux Limbes , par la joie qu'il communiqua en sa visite à toutes les âmes justes ; par l'honneur et la gloire de sa triomphante résurrection ; par les apparitions qu'il fit l'espace de quarante jours à vous, ô sainte Vierge! aux apôtres et aux autres âmes d'élite ; par son ascension, en laquelle, à votre vue et à celle de tous les apôtres, il fut élevé dans le ciel ; par la grâce du Saint-Esprit consolateur, qu'il répandit dans les cœurs de ses disciples, en forme de langues de feu, et que par eux-mêmes il fit porter en tous les endroits de la terre ; par le terrible jour du jugement, auquel jour il doit venir juger les vivants

et les morts, et tout le monde par le feu; par toute
la compassion que vous eûtes avec lui en ce monde;
par la douceur de ses baisers; par la joie ineffable
de votre assomption, jour auquel, en la présence et
en la compagnie de votre Fils, vous fûtes ravie au
ciel, où vous êtes comblé de joie et de délices
éternelles. Je vous prie de faire en sorte que mon
cœur en soit participant, et de m'accorder la demande que je vous fais, avec toute l'humilité et la
dévotion qu'il m'est possible.

Demandez ici ce dont vous avez besoin.

Et comme je sais très bien que votre Fils vous
honore tant qu'il ne peut rien vous refuser, faites,
ô ma très chère Mère ! que je ressente facilement
et promptement, pleinement et efficacement, le
secours de votre sainte consolation, selon la dou-
ceur de votre cœur très miséricordieux, et selon la
volonté de votre très doux Fils qui exauce ceux qui
le craignent et qui se plaisent en lui, selon la prière
et le désir de leur cœur, en la nécessité où je me
trouve de plusieurs choses, et principalement en
celle-ci, en laquelle j'invoque votre saint nom et la
vertu de son secours, afin qu'il vous plaise de
m'obtenir de votre très aimable Fils une espérance
ferme, une parfaite charité dans la foi catholique ,
une vraie contrition de cœur, une source de saintes larmes, une sincère et parfaite confession, une
digne et suffisante satisfaction, une diligente veille
sur moi, pour l'avenir un grand mépris du monde,
un vrai amour de mon Dieu et de mon prochain,
une imitation des douleurs de votre très cher Fils,
et la mort même, s'il faut l'endurer, un parfait accomplissement de mes vœux, la persévérance dans

les bonnes œuvres , la mortification de ma propre volonté, une conversation qui vous agrée, un heureux trépas et une vraie repentance à la fin de ma vie, avec un bon sens, une parole libre et un saint jugement, enfin la vie éternelle en la compagnie des âmes de mes parents, de mes amis, de mes frères , de mes sœurs et de mes bienfaiteurs, tant vivants que trépassés. Ainsi soit-il.

HYMNE DE S. AMBROISE ET DE S. AUGUSTIN.

Nous vous louons, Dieu tout-puissant : nous confessons que vous êtes le Seigneur de l'Univers.

Vous, Père éternel, que toute la terre adore.

Tous les anges sont les fidèles exécuteurs de vos volontés : les Cieux et ses Puissances vous adorent et craignent.

Les Chérubins et les Séraphins chantent perpétuellement cette hymne en votre honneur.

Saint, Saint, Saint est le Seigneur Dieu des armées.

Les Cieux et la terre sont remplis de la grandeur de votre gloire.

Vous êtes exalté par la glorieuse compagnie des Apôtres.

La vénérable multitude des Prophètes récite des hymnes pour vous honorer.

L'innocente et nombreuse armée des Martyrs célèbre vos louanges.

Et la sainte Eglise vous confesse par toute la terre.

Le Père éternel, qui est d'une grandeur incompréhensible.

Le vrai et unique Fils, engendré de la substance du Père.

Et le Saint-Esprit Paraclet, qui procède du Père et du Fils.

Vous, Christ, qui êtes le Roi de gloire.

Vous, qui êtes le Fils éternel du Père.

Vous, qui pour délivrer l'homme de la servitude, avez voulu vous faire homme, et n'avez point dédaigné le sein d'une Vierge.

Vous qui, après avoir rompu l'aiguillon de la mort, avez ouvert à ceux qui croient le Royaume des Cieux.

Vous qui êtes assis à la droite de Dieu, en la gloire du Père.

Et qui devez un jour venir juger le monde.

Nous vous supplions de subvenir par votre assistance, à vos serviteurs, que vous avez rachetés par votre précieux sang.

Faites, s'il vous plaît, qu'ils soient comptés dans la gloire au nombre de vos Saints.

Sauvez votre peuple, Seigneur, et comblez de grandes bénédictions votre héritage.

Prenez le soin de nous conduire, et ne vous lassez jamais de nous favoriser.

Nous employons tous les jours à vous remercier de vos bienfaits.

Nous louons sans cesse votre Nom, et nous le louerons à jamais.

Préservez-nous, s'il vous plaît, Seigneur, de tomber cette journée en péché.

Ayez pitié de nous, Seigneur ayez pité de nous.

Et comme nous avons espéré en votre bonté, faites que nous sentions les effets de votre miséricorde.

En vous, Seigneur, j'ai mis mon espérance; ainsi je ne receverai jamais de confusion.

Prière pour demander à Dieu la grâce de bien employer le temps.

O mon Dieu, que j'ai tant offensé par la perte que j'ai faite, depuis que je suis au monde, du temps destiné à la pratique des bonnes œuvres, pour ma sanctification et pour l'édification du prochain, et que j'ai consommé au contraire, dans la recherche des choses mondaines et passagères, ne permettez pas que j'en abuse plus longtemps ; accordez-moi la grâce que le souvenir du compte que je dois en rendre, me fasse employer utilement pour mon salut celui qui me reste à vivre sur la terre, afin que je puisse, au nom et par les mérites de Jésus-Christ, acquérir, par une continuelle application sur mes devoirs, cette vie éternelle, pour laquelle vous nous avez créés.

PRIÈRE AU BON ANGE.

Mon bon Ange, continuez, s'il vous plaît, vos charitables soins ; inspirez-moi la volonté de Dieu en toutes les œuvres de cette journée, et me conduisez dans les voies de mon salut.

TESTAMENT

DE S. M. LOUIS SEIZE,

ROI DE FRANCE.

Au nom de la très-sainte Trinité, du Père et du Fils et du Saint-Esprit. Aujourd'hui vingt-cinquième jour de décembre mil sept cent quatre-vingt-douze, moi, Louis XVI du nom, roi de France, étant depuis plus de quatre mois renfermé avec ma famille dans la tour du Temple, à Paris, par ceux qui étaient mes sujets, et privé de toute communication quelconque, même depuis le onze du courant, avec ma famille; de plus, impliqué dans un procès dont il est impossible de prévoir l'issue, à cause des passions des hommes, et dont on ne trouve aucun prétexte ni moyens dans aucune loi existante; n'ayant que Dieu pour témoin de mes pensées, et auquel je puisse m'adresser, je déclare ici, en sa présence, mes dernières volontés et mes sentiments. — Je laisse mon âme à Dieu, mon créateur; je le prie de la recevoir dans sa miséricorde, de ne pas la juger d'après ses mérites. mais par ceux de Notre Seigneur Jésus-Christ, qui s'est offert en sacrifice à Dieu, son père, pour nous autres hommes, quelque indignes que nous en fussions, et moi le premier. — Je meurs dans l'union de notre sainte mère l'Église catholique, apostolique et romaine, qui tient ses pouvoirs par une succession non interrompue, de saint Pierre, auquel Jésus-Christ les avait confiés. — Je crois fermement et je confesse tout ce qui est contenu dans le symbole et les commandements de Dieu et de l'Église, les sacrements et les mystères, tels que l'Église catholique les enseigne et les a toujours enseignés. Je n'ai jamais prétendu me rendre juge dans les différentes manières d'expliquer les dogmes qui déchirent l'Église de Jésus Christ ; mais je m'en suis rapporté et rapporterai toujours, si Dieu m'accorde vie, aux décisions que les supérieurs ecclésiastiques, unis à la sainte Église catholique, donnent et donneront conformément à la discipline de l'Église, suivie depuis Jésus Christ. Je plains de tout mon cœur nos frères qui peuvent être dans l'erreur; mais je ne prétends pas les juger, et je ne les aime pas moins tous en Jésus-Christ, suivant ce que la charité chrétienne nous enseigne. Je prie Dieu de me pardonner tous mes péchés ; j'ai cherché à les connaître scrupuleusement, à les détester, et à m'humilier en sa présence. Ne pouvant me servir du ministère d'un prêtre catholique, je prie Dieu de recevoir la confession que je lui en ai faite, et surtout le repentir profond que j'ai d'avoir mis mon nom (quoique cela fût contre ma volonté) à des actes qui peuvent être contraires à la discipline et à la croyance de l'Église catholique à laquelle je suis toujours resté sincèrement uni de cœur. Je prie Dieu de recevoir la ferme résolution où je suis, s'il m'accorde vie, de me servir, aussitôt que je le pourrai, du ministère d'un prêtre catholique, pour m'accuser de tous mes péchés et recevoir le sacrement de pénitence. — Je prie tous ceux que je pourrais avoir offensés par inadvertance; (car je ne me rappelle pas avoir fait sciemment aucune offense à personne), ou ceux à qui j'aurais pu avoir donné de mauvais exemples ou des scandales, de me pardonner le mal qu'ils croient que je peux leur avoir fait : je prie tous ceux qui ont de la charité, d'unir leurs prières aux miennes, pour obtenir de Dieu le pardon de mes péchés. — Je pardonne de tout mon cœur à ceux qui se sont faits mes ennemis, sans que je leur en aie donné aucun sujet; et je prie Dieu de leur pardonner; de même qu'à ceux qui, par un faux zèle ou par un zèle mal entendu, m'ont fait beaucoup de mal. — Je recommande à Dieu ma femme et mes enfants, ma sœur et mes tantes, mes frères et tous ceux qui me sont attachés par le lien du sang ou par quelque autre manière que ce puisse être : je prie Dieu particulièrement de jeter des yeux de miséricorde sur ma femme, mes enfants et ma sœur, qui souffrent depuis long-temps avec moi, de les soutenir par sa grâce, s'ils viennent à me perdre, et tant qu'ils resteront dans ce monde périssable. — Je recommande mes enfants à ma femme; je n'ai jamais douté de sa tendresse maternelle pour eux; je lui recommande surtout d'en faire de bons chrétiens et d'honnêtes hommes, de ne leur faire regarder les grandeurs de ce monde-ci, (s'ils sont condamnés à les éprouver) que comme des biens dangereux et périssables, et de tourner leurs regards vers la seule gloire solide et durable de l'éternité; je prie ma sœur de vouloir continuer sa tendresse à mes enfants, et de leur tenir lieu de mère, s'ils avaient le malheur de perdre la leur. — Je prie ma femme de me pardonner tous les maux qu'elle souffre pour moi, et les chagrins que je pourrais lui avoir donnés dans le cours de notre union, comme elle peut être sûre que je ne garde rien contre elle, si elle croyait avoir quelque chose à se reprocher. — Je recommande bien vivement à mes enfants, après ce qu'ils doivent à Dieu, qui doit marcher avant tout, de rester toujours unis entre eux, soumis et obéissants à leur mère, et reconnaissants de tous les soins et les peines qu'elle se donne pour eux et en mémoire de moi. Je les prie de regarder ma sœur comme une seconde mère. — Je recommande à mon fils, s'il avait le malheur de devenir Roi, de songer qu'il se doit tout entier au bonheur de ses concitoyens ; qu'il doit oublier toute haine et tout ressentiment, et nommément ce qui a rapport aux malheurs et chagrins que j'éprouve ; qu'il ne peut faire le bonheur des peuples qu'en régnant suivant les lois : mais en même temps, qu'un Roi ne peut les faire respecter et faire le bien qui est dans son cœur. qu'autant qu'il a l'autorité nécessaire ; et qu'autrement étant lié dans ses opérations et n'inspirant point de respect, il est plus nuisible qu'utile. — Je recommande à mon fils d'avoir soin de toutes les personnes qui m'étaient attachées, autant que les circonstances où il se trouvera lui en donneront les facultés ; de songer que c'est une dette sacrée que j'ai contractée envers les enfants ou les parents de ceux qui ont péri pour moi, et ensuite de ceux qui sont malheureux pour moi. — Je sais qu'il y a plusieurs personnes de celles qui m'étaient attachées qui ne se sont pas conduites envers moi comme elles le devaient, et qui ont même montré de l'ingratitude ; mais je leur pardonne (souvent dans les moments de troubles et d'effervescence on n'est pas le maître de soi), et je prie mon fils, s'il en trouve l'occasion, de ne songer qu'à leur malheur. — Je voudrais pouvoir témoigner ici ma reconnaissance à ceux qui m'ont montré un attachement véritable et désintéressé : d'un côté, si j'ai été sensiblement touché de l'ingratitude et de la déloyauté de gens à qui je n'avais jamais témoigné que des bontés, à eux ou à leurs parents ou amis ; de l'autre, j'ai eu la consolation de voir l'attachement et l'intérêt gratuits que beaucoup de personnes m'ont montrés ; je les prie d'en recevoir tous mes remercîments. Dans la situation où sont encore les choses, je craindrais de les compromettre si je parlais plus explicitement ; mais je recommande spécialement à mon fils de chercher les occasions de pouvoir les reconnaître. — Je croirais calomnier cependant les sentiments de la Nation, si je ne recommandais ouvertement à mon fils MM. de *Chamilly* et *Huë,* que leur véritable attachement pour moi avait portés à s'enfermer avec moi dans ce triste séjour, et qui ont pensé en être les malheureuses victimes. Je lui recommande aussi *Cléry,* des soins duquel j'ai tout lieu de me louer depuis qu'il est avec moi ; comme c'est lui qui est resté avec moi jusqu'à la fin, je prie MM. de la commune de lui remettre mes hardes, mes livres, ma montre, ma bourse et les autres petits effets qui ont été déposés au conseil de la commune. — Je pardonne encore très-volontiers à ceux qui me gardaient, les mauvais traitements et les gênes dont ils ont cru devoir user envers moi ; j'ai trouvé quelques âmes sensibles et compâtissantes ; que celles-là jouissent dans leurs cœurs de la tranquillité que doit leur donner leur façon de penser ! —Je prie MM. *de Malesherbes, Tronchet* et *de Sèze* de recevoir ici mes remercîments et l'expression de ma sensibilité pour tous les soins et les peines qu'ils se sont donnés pour moi. — Je finis en déclarant devant Dieu et prêt à paraître devant lui, que je ne me reproche aucun des crimes qui sont avancés contre moi. — Fait double, à la tour du Temple, le vingt-cinq décembre mil sept cent quatre-vingt-douze.

Signé LOUIS.

TESTAMENT

DE MARIE-ANTOINETTE,

REINE DE FRANCE.

Ce 16 Octobre 1793, à quatre heures et demie du matin.

C'est à vous, ma sœur, que j'écris pour la dernière fois: je viens d'être condamnée non pas à une mort honteuse; elle ne l'est que pour les criminels; mais à aller rejoindre votre frère; comme lui innocente, j'espère montrer la même fermeté que lui dans ces derniers moments. Je suis calme comme on l'est quand la conscience ne reproche rien. J'ai un profond regret d'abandonner mes pauvres enfants ; vous savez que je n'existais que pour eux, et vous, ma bonne et tendre sœur, vous qui avez, par votre amitié, tout sacrifié pour être avec nous, dans quelle position je vous laisse! J'ai appris par le plaidoyer même du procès, que ma fille était séparée de vous; hélas! la pauvre enfant, je n'ose pas lui écrire; elle ne recevrait pas ma lettre, je ne sais même pas si celle-ci vous parviendra ; recevez pour eux ma bénédiction. J'espère qu'un jour, lorsqu'ils seront plus grands, ils pourront se réunir avec vous, et jouir en entier de vos tendres soins. Qu'ils pensent tous deux à ce que je n'ai cessé de leur inspirer, que les principes, et l'exécution exacte de ses devoirs sont la première base de la vie ; que leur amitié et leur confiance mutuelle en feront le bonheur : que ma fille sente qu'à l'âge qu'elle a, elle doit toujours aider son frère par les conseils que l'expérience qu'elle aura de plus que lui et son amitié pourront lui inspirer ; que mon fils, à son tour, rende à sa sœur tous les soins, les services que l'amitié peut inspirer ; qu'ils sentent enfin tous deux que, dans quelque position où ils pourront se trouver, ils ne seront vraiment heureux que par leur union. Qu'ils prennent exemple de nous ; combien dans nos malheurs notre amitié nous a donné de consolation ! et dans le bonheur on jouit doublement quand on peut le partager avec un ami : et où en trouver de plus tendre, de plus cher que dans sa propre famille ? Que mon fils n'oublie jamais les derniers mots de son père, que je lui répète expressément ; qu'il ne cherche jamais à venger notre mort ! J'ai à vous parler d'une chose bien pénible à mon cœur. Je sais combien cet enfant doit vous avoir fait de la peine ; pardonnez-lui, ma chère sœur ; pensez à l'âge qu'il a, et combien il est facile de faire dire à un enfant ce qu'on veut, et même ce qu'il ne comprend pas ; un jour viendra, j'espère, où il ne sentira que mieux tout le prix de vos bontés et de votre tendresse pour tous deux. Il me reste à vous confier encore mes dernières pensées : j'aurais voulus les écrire dès le commencement du procès ; mais, outre qu'on ne me laissait pas écrire, la marche en a été si rapide, que je n'en aurais réellement pas eu le temps. — Je meurs dans la religion catholique, apostolique et romaine, dans celle de mes pères, dans celle où j'ai été élevée, et que j'ai toujours professée, n'ayant aucune consolation spirituelle à attendre, ne sachant pas s'il existe encore ici des prêtres de cette religion, et même le lieu où je suis les exposerait trop, s'ils y entraient une fois. Je demande sincèrement pardon à Dieu de toutes les fautes que j'ai pu commettre depuis que j'existe. J'espère que dans sa bonté il voudra bien recevoir mes derniers vœux, ainsi que ceux que je fais depuis longtemps pour qu'il veuille bien recevoir mon âme dans sa miséricorde et sa bonté. Je demande pardon à tous ceux que je connais, et à vous, ma sœur, en particulier, de toutes les peines que, sans le vouloir, j'aurai pu vous causer. Je pardonne à tous mes ennemis le mal qu'ils m'ont fait. Je dis ici adieu à mes tantes et à tous mes frères et sœurs. J'avais des amis ; l idée d'en être séparée pour jamais et leurs peines sont un des plus grands regrets que j'emporte en mourant ; qu'ils sachent, du moins, que, jusqu'à mon dernier moment, j'ai pensé à eux, adieu, ma bonne et tendre sœur ; puisse cette lettre vous arriver ! Pensez toujours à moi : je vous embrasse de tout mon cœur, ainsi que ces pauvres et chers enfants. Mon Dieu ! qu'il est déchirant de les quitter pour toujours ! Adieu ! adieu ! je ne vais plus m'occuper que de mes devoirs spirituels. Comme je ne suis pas libre de mes actions, on m'amènera peut-être un prêtre ; mais je proteste ici que je ne lui dirai pas un mot, et que je le traiterai comme un être absolument étranger.

La reine parle ainsi, parce qu'elle savait que le prêtre qu'on lui aurait envoyé, aurait été un prêtre schismatique

TABLE DE MULTIPLICATION.

2 fois	2 font	4	
2 fois	3 font	6	
2 fois	4 font	8	
2 fois	5 font	10	
2 fois	6 font	12	
2 fois	7 font	14	
2 fois	8 font	16	
2 fois	9 font	18	
2 fois	10 font	20	
2 fois	11 font	22	
2 fois	12 font	24	
3 fois	3 font	9	
3 fois	4 font	12	
3 fois	5 font	15	
3 fois	6 font	18	
3 fois	7 font	21	
3 fois	8 font	24	
3 fois	9 font	27	
3 fois	10 font	30	
3 fois	11 font	33	
3 fois	12 font	36	
4 fois	4 font	16	
4 fois	5 font	20	
4 fois	6 font	24	
4 fois	7 font	28	
4 fois	8 font	32	
4 fois	9 font	36	
4 fois	10 font	40	
4 fois	11 font	44	
4 fois	12 font	48	
5 fois	5 font	25	
5 fois	6 font	30	
5 fois	7 font	35	

5 fois	8 font	40	
5 fois	9 font	45	
5 fois	10 font	50	
5 fois	11 font	55	
5 fois	12 font	60	
6 fois	6 font	36	
6 fois	7 font	42	
6 fois	8 font	48	
6 fois	9 font	54	
6 fois	10 font	60	
6 fois	11 font	66	
6 fois	12 font	72	
7 fois	7 font	49	
7 fois	8 font	56	
7 fois	9 font	63	
7 fois	10 font	70	
7 fois	11 font	77	
7 fois	12 font	84	
8 fois	8 font	64	
8 fois	9 font	72	
8 fois	10 font	80	
8 fois	11 font	88	
8 fois	12 font	96	
9 fois	9 font	81	
9 fois	10 font	90	
9 fois	11 font	99	
9 fois	12 font	108	
10 fois	10 font	100	
10 fois	11 font	110	
10 fois	12 font	120	

—

Paris. Imp. de Moquet, rue de la Harpe, 92.

www.ingramcontent.com/pod-product-compliance
Lightning Source LLC
LaVergne TN
LVHW020548060726
842525LV00004B/1345